NOTICE

SUR

M. DE L'ESCALOPIER

PAR M. ANATOLE DE MONTAIGLON

Membre résidant.

Tous les ouvriers du champ de l'érudition ne travaillent pas de la même manière ; ils mettent une aptitude commune au service d'une même passion, mais les différences des esprits et celles des situations sociales changent souvent et le but et la nature des efforts.

Les uns, ou plus ambitieux, ou seulement plus heureux, arrivent, par la valeur et le nombre de leurs travaux, à se frayer un chemin dans le monde, à se créer, grâce à la diffusion de leur nom, une position sérieuse dans le sens de leurs goûts, et à parvenir aux places et aux honneurs dont le mérite et les services du savant ont le droit d'être investis. D'autres ne doivent malheureusement rien de semblable à la science ; ils s'y réfugient plutôt, ils s'y dévouent, ils s'y consument même. En tout cas, que les uns soient poussés par le soin de leur gloire ou de leur fortune, et les autres par le seul amour de l'étude, ce sont tous ceux-là qui ne cessent de payer de leur personne, qui sont les producteurs, et qui, à moins de succomber à la peine, travaillent sans relâche pour aller jusqu'au bout des travaux qu'ils ont entrepris ; c'est de leur foule que sortent de temps en temps les grands maîtres et les grands écrivains de l'érudition et de l'histoire.

Pour les premiers, la science est sinon un serviteur, au moins un aide et un patron ; pour les seconds, c'est un maître, souvent impérieux ; il en est d'autres pour qui elle n'est jamais qu'une amie fidèle et une compagne toujours souriante. Ceux-là, moins par intention que par la suite même des circonstances, se restreignent à la seule étude et s'en tiennent pour ainsi dire à ses plaisirs, sans se condamner constamment au dernier et rude labeur de terminer et de donner à un corps de recherches, d'observations et de pensées, la forme définitive extérieure qui détache l'œuvre de soi pour le livrer à l'examen des autres ; ils se trouvent — et leur nombre devrait être plus grand qu'il ne l'est — parmi les heureux du monde, qui sont animés de ces mêmes goûts sans avoir à leur demander la même chose. Ils n'ont pas à parvenir, ils n'ont pas à s'abstraire dans le travail pour s'éloigner des réalités de la vie; le temps est à eux d'ailleurs, et ils peuvent remettre au lendemain. En même temps un autre désir s'empare d'eux, parce qu'ils sont à même de le satisfaire : celui de la possession ; ils aiment mieux travailler avec des livres à eux, pouvoir, à toutes les heures, trouver chez eux ce qui leur est nécessaire. C'est pour cela qu'ils commencent, et dans cette recherche, où l'instruction du savant se double et s'aiguise des aventures du chasseur, leur vie se passe souvent à rassembler plus de matériaux qu'ils n'en emploient et même qu'ils n'en pourraient mettre en œuvre. Ils sont bons juges, excellents conseillers, spectateurs bienveillants, en même temps du métier et du public, d'une opinion compétente et d'une curiosité érudite, pleins d'intérêt et exempts d'envie, voyant tout bon travail avec plaisir, et parce qu'il les dispense de le commencer ou de le finir s'il se trouve dans le sens de leurs études, et parce qu'il les laisse plus libres de se prendre à un nouveau sujet. Ils peuvent faire, mais ils aiment peut-être mieux aider à faire ; aussi se mettent-ils facilement à la disposition des autres pour leur ouvrir les trésors de leurs livres, de leurs lectures, de leurs souvenirs de voyages, de leurs relations et au besoin de leur bourse. Ce sont aussi des savants, mais ce sont surtout des amateurs dans l'acception la meilleure du mot. Je n'ai pas besoin de vous dire que le regrettable confrère, dont vous m'avez chargé de vous entretenir, était de ces amateurs et l'un des plus distingués.

Marie-Joseph-Charles, comte de l'Escalopier, est né, non pas au Liancourt des la Rochefoucauld situé près de Clermont (Oise), mais à son château patrimonial de Liancourt-Fosse, près de Roye, département de la Somme, le 9 avril 1812. Il était issu d'une ancienne famille, qui prétendait — comme Scaliger — sortir des della Scala de Vérone; ce qui est sûr, c'est qu'elle était déjà importante dans l'Échevinage parisien dès le seizième siècle[1], et que plus tard elle exerça jusqu'à la Révolution de nombreuses charges au Parlement; deux de ses membres en furent même présidents, l'un au mortier, l'autre aux enquêtes[2], et nous pouvons remarquer ici que cette famille eut, dès l'origine, un des hôtels de la place Royale, parce que celui-ci, bâti comme les autres dans le premier tiers du dix-septième siècle et voisin de celui du cardinal de Richelieu, dut à une succes-

1. Voy. *Généalogie de M. le président l'Escalopier*, Châlons en Champagne, Jean Charpentier, 1628, in-8, réimprimé en 1763, sous le titre de *Mémoire généalogique de la maison de l'Escale, de Vérone, dont une branche a fait souche à Paris sous le nom de l'Escalopier*, in-8 de 81 pages. On trouve à la suite 33 pages, chiffrées à part, qui reproduisent une dédicace d'un prêtre irlandais aux fils du président Jean, protecteur de la Maison des Irlandais, à Paris. — *La Chesnaye du Bois*, t. VI, p. 59-62. — On compte un écrivain dans la famille, le littérateur et historien Charles-Armand Lescalopier de Nourar. — La *Nœnia in obitum A. l'Escalopier, conjugis C. Thuillerii* (Michel Coignet, sieur de la Tuillerie), *legati regis Galliarum ad Venetam Republicam*, Venetiis, 1633, in-4, est un livre rare. — Je ne sais si Pierre l'Escalopier, père jésuite, prédicateur, théologien et humaniste distingué du dix-septième siècle (1606-63), était de la même famille.

2. Voy. François Blanchard, *Les présidents au mortier du Parlement de Paris*, Besongne, 1637, in-fol., p. 383-4, et, à la fin, dans le Catalogue des Conseillers, p. 99, 111, 112.

sion ininterrompue et bien rare d'être encore possédé par leur descendant.

La Révolution ayant changé l'ancien ordre social, la famille de M. de L'Escalopier ne rentra pas dans les affaires, et il dut peut-être à ces circonstances nouvelles de pouvoir se livrer tout entier aux études, qui, avec les amitiés nombreuses dont il n'a cessé d'être entouré, ont été la plus chère occupation de sa vie. Il les commença dès la jeunesse; sa mère, qui voyait avec plaisir naître ce goût intelligent et honorable, récompensait chacun de ses succès au collége Charlemagne par des ouvrages précieux, et commença ainsi à développer et à affermir chez lui la passion de la recherche et de la connaissance des livres, qui ne devait plus le quitter.

Ce furent ses sentiments et ses idées, profondément catholiques jusqu'au dernier jour et cela avec une foi aussi complète et sincère que simple, indulgente et désintéressée, qui imprimèrent et ne cessèrent de conserver à ses études et à sa bibliothèque, qui les caractérisait autant qu'elle les servait, une physionomie particulière et une unité féconde. En effet, à part l'indispensable en tout genre et une partie spécialement reservée à la province de Picardie, où il était né et qu'il habitait tous les étés, sa collection était surtout consacrée aux antiquités catholiques et à toutes les branches de l'archéologie religieuse du moyen âge. Les plus importants de ses voyages ont tous été dans le même sens, —d'abord celui de Jérusalem, qu'il fit dès 1836, époque à laquelle il était plus difficile et plus périlleux qu'aujourd'hui, et qui était représenté chez lui par une réunion aussi intéressante que considérable des pèlerinages et des voyages de tous les temps en Judée, — comme aussi ses divers séjours à Rome, où l'attiraient les premiers restes des temps chrétiens, l'intérêt qu'il prenait aux découvertes successives faites dans les Catacombes, et les relations instructives qu'il avait liées avec tous les savants distingués qui, en Italie et surtout à Rome, s'occupaient des mêmes matières.

Cette spécialité d'études, bien connue de tous ceux qui se trouvaient avoir besoin d'y recourir, l'avait fait admettre à vingt-trois ans dans votre compagnie, d'abord comme associé correspondant le 9 avril 1835, ensuite comme membre résidant le 9 mars 1839, et tous les travaux publiés par lui s'y rapportèrent. Un court *Essai sur la châtellenie et l'abbaye de Saint-Just*[1] publié en 1835[2], une *Note sur un retable de l'église de Faverolles*, arrondissement de Montdidier (Somme), imprimée en 1840 dans vos *Mémoires*[3], ne sont que des opuscules, comme aussi la *Notice sur un manuscrit intitulé Annales mundi ad annum* 1264[4], dans laquelle il décrit un manuscrit de la bibliothèque de l'Arsenal, analogue à la Chronique de Saint-Marien d'Auxerre, et en donne les sommaires, suivis d'extraits, relatifs aux fondations religieuses, aux origines liturgiques et aux légendes. Une plaquette, intitulée *Divisions bibliographiques de la bibliothèque du comte Charles de l'Escalopier*, Paris, Didot, 1847, in-8° de 16 pages, a un caractère tout à fait privé; malgré cela il y faudrait insister si nous avions ici le temps de montrer comment toute réunion de livres se trouve forcément avoir un caractère dominant, auquel il faut obéir pour qu'elle puisse recevoir tout le degré d'utilité dont elle est susceptible, et comment ce caractère dominant entraîne nécessairement des divisions nouvelles et un classement particulier. Mais à cette époque M. de l'Escalopier avait déjà publié l'ouvrage qui lui fait le plus d'honneur, c'est-à-dire la traduction de Théophile, l'un des plus vieux traités sur la technique des arts, puisque nous ne possédons rien des livres spéciaux des anciens sur ce sujet, et c'est d'elle que nous devons plutôt nous occuper. Comme tout le

1. Saint-Just-en-Chaussée (Oise), entre Clermont et Montdidier.

2. Paris, Mme veuve Dondey-Dupré, 1835, in-8 d'une feuille.

3. Nouvelle série, t. V, 1840, p. 374-8.

4. Paris, Techener, 1842, in-8 de 50 p., imp. de Didot. Réimpression augmentée d'un article du *Bulletin du Bibliophile*, 5e série, n° 4, avril 1842, p. 115-41; il en avait été fait un tirage à part de quelques exemplaires.

monde le sait, ce moine allemand du douzième siècle a écrit, au point de vue de la décoration des églises, un ouvrage en trois livres, qui traitent successivement de la peinture et des couleurs à employer sur les murs, le bois, la toile et le parchemin, de la peinture sur verre et de la mosaïque, de l'orfévrerie et des arts accessoires, la niellure, la damasquinure et la monture des pierres fines. Le traité plus ancien d'Éraclius, *De artibus Romanorum*, est bien moins étendu, moins détaillé et moins important de toutes façons. L'intérêt de Théophile avait du reste attiré l'attention sérieuse de quelques érudits à la fin du dernier siècle. Dès 1774, Lessing, bibliothécaire du duc de Wolfenbuttel depuis 1770 et auteur du *Laocoon*, croyant à juste titre que l'histoire de l'art ne devait pas se borner seulement à s'occuper de celui de l'Antiquité classique, lui consacra un travail spécial : *Vom Alter der Oelmarey aus dem Theophilus Presbyter*, réimprimé plus tard dans le tome VIII de ses *OEuvres diverses*. En 1776, le savant abbé Jacopo Morelli, bibliothécaire de la Marcienne, en donna une autre analyse dans ses *Codices manuscripti latini bibliothecæ Nanianæ*, Venise, in-4, n° XXXIX, p. 33; en 1781, Raspe en publia, mais très-incorrectement et d'après un manuscrit médiocre, un extrait dans sa collection intitulée *A critical essay on oil-painting*, London, in-4, et la même année le texte de l'édition de Théophile, préparée par Lessing, était imprimé en entier par Leiste dans les *Mémoires d'histoire et de littérature tirés de la bibliothèque du duc de Wolfenbuttel*, Brunswick, in-8, VIe partie, p. 289-424. Depuis, Emeric-David fit souvent allusion à Théophile dans son *Histoire de la Peinture au moyen âge*, mais on peut dire que ce texte précieux n'était pas encore, autant qu'il le méritait, dans le courant de la science.

Un livre de ce genre ne peut en effet devenir usuel que s'il est traduit, c'est-à-dire étudié lentement, dans tous ses détails, laissé et repris, interprété et annoté, en état, en un mot, d'être discuté et au besoin corrigé utilement. Une lecture, si intelligente qu'elle soit, est tout à fait insuffisante en face d'un texte semblable, rendu doublement obscur par la nature technique des sujets, par la brièveté des explications données avec des termes dont le sens précis échappe souvent, par la barbarie du latin et par les erreurs des copistes ; celles-ci, qui sont la difficulté la plus grave, ne se peuvent éviter, au moins en partie, que par une collation complète de tous les manuscrits existants, et ce n'était le cas pour aucun des trois travaux qui viennent d'être rappelés, car chacun d'eux était fait d'après un seul manuscrit, et les textes qui leur avaient servi de base étaient à la fois moins corrects et moins complets que d'autres depuis découverts. C'est par le relevé des variantes du texte, c'est par la traduction, évitant une partie du travail, mais appelant le contrôle et la vérification, acceptée seulement quand elle est inattaquable, mais, dans les cas douteux, critiquée, rejetée ou modifiée, qu'un livre de cette nature prend son importance et passe de l'ombre au jour.

C'est ce service que M. de l'Escalopier, avec la collaboration d'un autre de vos confrères, M. Joseph-Marie Guichard, mort déjà depuis vingt ans, a rendu à Théophile et à la science. En même temps que le texte est éclairci par une traduction en regard, il est établi sur un manuscrit de Paris, le plus complet qui fût encore signalé, et accompagné de toutes les variantes des autres manuscrits connus, d'autant plus nécessaires en cette question, même quand elles sont ou paraissent mauvaises, qu'un texte de ce genre peut au besoin être discuté phrase par phrase et mot par mot. C'est ce qui ne manqua pas d'arriver, et ce que M. de l'Escalopier avait tout fait pour amener ; on se prit de tous côtés à son ouvrage, et il eût été impossible que, venant le premier, il ne pût être discuté et rectifié sur aucun point. Un autre de vos confrères, M. Quicherat, écrivit sur ce sujet un article de la *Bibliothèque de l'École des Chartes*[1], remarquable, selon

1. 4e série, t. V, 1843-4, p. 176-87.

son habitude, par la franchise et la netteté de la discussion et des conclusions; mais ce fut surtout à Londres qu'on s'occupa de Théophile. M. Eastlake, dans ses *Materials por an history of oil-painting*, la savante mistress Merryfield, dans les nombreux travaux qu'elle a consacrés aux traités techniques de la peinture au moyen âge, sont à l'occasion revenus sur la discussion et l'interprétation des passages de Théophile qu'ils ont eu à citer, et M. Robert Hendrie, en 1847, a publié à Londres une nouvelle édition du texte de Théophile, revu sur un manuscrit découvert au *British Museum* depuis l'édition de M. de l'Escalopier, et éclairci par une seconde traduction qui a naturellement profité des efforts de la première.

Aidé de ces travaux divers, M. de l'Escalopier aurait pu reprendre son édition et la redonner dans un état à peu près définitif. Il ne l'a pas voulu faire; il lui suffisait d'avoir donné le premier, d'y avoir perdu, comme il convenait, son temps et son argent, d'avoir été la cause et le point de départ de ces travaux divers, qui élucidaient de plus en plus un livre et un sujet pour lui si intéressants; il lui suffisait d'avoir fait la lumière autour de ce monument inestimable et d'avoir donné à l'érudition française l'honneur d'un premier essai de traduction; je dis essai, car, si nombreuses qu'elles puissent devenir, aucune ne pourra jamais prétendre à être définitive sur tous les points, et dans cet ordre d'études on ne cessera plus, formellement ou incidemment, de revenir sur Théophile.

Un peu avant, vers 1840, M. de l'Escalopier était entré sur sa demande à la bibliothèque de l'Arsenal; il avait voulu avoir à sa main plus de livres encore qu'il n'en possédait et y trouver de nombreuses sources de savoir; mais, par suite de la droiture délicate de son cœur et de la loyauté de son caractère, il tint à ce que l'indépendance de sa fortune lui permettait, à ne prendre la place de personne, et il ne voulut en faire partie qu'à titre de conservateur honoraire. Pourtant, s'il se refusait aux avantages matériels, ce n'était pas pour ne pas accepter les devoirs ; tout le temps qu'il passait à Paris, il se chargeait d'une partie régulière du service, et j'ai pu apprécier, pendant le peu de temps que je m'y suis trouvé avec lui, à quel degré sa compétence était réelle, son érudition bibliographique étendue et sa complaisance toujours prête. M. Cayx, un des anciens administrateurs de cette belle bibliothèque, les connaissait bien et leur rendait pleine justice, car c'est sur sa demande, et autant pour rendre hommage aux services et à l'honorabilité du fonctionnaire qu'au dévouement de l'éditeur de Théophile, que M. de l'Escalopier fut nommé par le roi Louis-Philippe, le 25 avril 1847, chevalier de la Légion d'honneur[1].

Aussi continua-t-il à ne s'occuper de faire voir le jour qu'à des livres difficiles à publier dans les conditions ordinaires de la librairie. Il se trouvait à la bibliothèque du Vatican deux manuscrits du *Mitrale, sive de officiis ecclesiasticis summa*, ouvrage inédit de Sicardi, évêque de Crémone de 1185 à 1215, et auteur d'une Chronique publiée par Muratori[2]. Le cardinal Angelo Maï, dans le tome VI de son *Spicilège*, en avait publié les fragments relatifs aux édifices sacrés et à la philologie ecclésiastique. M. de l'Escalopier fit faire à Rome une copie complète du manuscrit; plus tard il la communiqua à l'abbé Migne, et cette obligeance libérale permit à celui-ci de publier pour la première fois en 1855, dans le tome CCXIII de son *Patrologiæ cursus completus*, l'ouvrage de Sicardi[3]. Il est divisé en neuf livres ; le troisième est consacré à la messe, le quatrième aux offices des différentes parties du jour; les suivants, jusqu'au

1. Il avait reçu les ordres catholiques du Christ de Portugal dès 1837, et du Saint-Sépulcre des États-Romains dès 1838.

2. Dans le tome VII des *Rerum italicarum Scriptores*.

3. Il y en a quelques exemplaires tirés à part : *Sicardi, Cremonensis episcopi, Mitrale, seu de officiis ecclesiasticis summa, nunc primum in lucem prodit juxta apographum quod asservatur in bibliotheca comitis de l'Escalopier*, Parisiis, accurante J. P. Migne, 1855, in-4 de 436 colonnes.

huitième, aux offices dominicaux; le neuvième à ceux des fêtes des saints. Toute cette partie n'est importante que pour ceux qui s'intéressent à la symbolique de la liturgie; mais le second livre, relatif aux vêtements sacerdotaux, et surtout le premier, qui traite de l'édification, de la décoration et des meubles des églises, ont un intérêt plus général par les explications et les renseignements qu'ils apportent à l'archéologie sur les sens symboliques, acceptés à cette époque du moyen âge. Guillaume Duranti ne cite pas Sicardi parmi les auteurs qu'il a consultés pour rédiger son fameux *Rationale*[1], qui donne les mêmes natures d'informations; mais, s'il a beaucoup suivi le *Divinorum officiorum brevis explicatio* de Jean Beleth, il y aurait à examiner s'il ne doit pas encore plus à Sicardi; il serait bien étonnant que Duranti n'eût pas connu l'ouvrage de l'évêque de Crémone, car, s'il est mort évêque de Mende en 1295, son livre a été écrit en Italie vers 1286 [2], et il y a été chapelain de plusieurs papes, leur légat et vicaire général dans les Romagnes et gouverneur de Bologne; il est né quinze ou vingt ans après la mort de Sicardi, et Crémone n'est pas bien loin des Romagnes.

Avant d'en venir au dernier ouvrage publié par les soins de notre confrère, il nous faut retourner un peu en arrière pour indiquer un incident qui, comme cet ouvrage, se rapporte aux Catacombes et doit ne pas être oublié dans cette esquisse de la vie de M. de l'Escalopier. En effet, les Catacombes lui avaient en quelque sorte réservé le tombeau et les restes d'Aurélie Theudosie, la femme d'Aurélius Optatus et la première chrétienne d'Amiens dont le nom soit connu. Ils furent trouvés le 1er avril 1842 dans les Catacombes dites de Saint-Hermès; les négociations et les instances de M. de l'Escalopier, aidées de celles de M. de Salinis, alors évêque d'Amiens, finirent par les obtenir du pape et par les conquérir à la ville où elle était née et où

1. *Histoire littéraire de la France*, 1842, XX, 477-8.
2. *Ibidem*, 477.

elle rentra, le 12 octobre 1853, avec beaucoup plus de pompe, à coup sûr, qu'elle n'en avait eu autour d'elle le jour où elle en était sortie pour aller en Italie[1].

J'ai dit que la dernière publication de notre confrère se rapportait aussi aux Catacombes. Ce fut en 1856 qu'il procura l'édition de l'ouvrage auquel je fais allusion. Il date de la fin du seizième siècle, et devait paraître dès 1605, mais il était resté inédit; son auteur, le P. Jean l'Heureux, qui avait grécisé son nom dans l'appellation latine de Macarius, et qui est bien connu par les différentes notices des *Bibliothecæ Belgicæ*, et plus récemment par celle de votre regrettable correspondant, M. Edward Leglay, dans ses *Nouveaux Analectes historiques*, était l'ami de Ciacconius, de Baronius, de Frédéric Borromée, et c'est sous leurs yeux qu'il a écrit son livre sur les anciennes représentations figurées du christianisme. Rosweyde, les deux Chifflet, Jean Bollandus, avaient eu entre les mains son manuscrit prêt pour l'impression, et s'en étaient servis; il faisait même partie de la bibliothèque des Bollandistes, et fut vendu avec elle en Belgique, dans la vente qui en fut faite en 1825. Il courait grande chance de se perdre définitivement, s'il n'avait fini par être acquis par M. de l'Escalopier; c'est chez lui que le trouva votre savant correspondant à Rome, le P. Raffaele Garucci, qui le cherchait depuis longtemps, et il se chargea volontiers du travail de sa publication définitive, en l'accompagnant d'une annotation sobre, mais profondément compétente. C'est donc, comme pour le Théophile, aux soins réunis de deux de vos confrères que nous devons l'impression, si longtemps différée, de cet ouvrage remarquable, qui parut à Paris en 1856, sous le titre d'*Hagioglypta*, *sive picturæ et sculpturæ sacræ anti-*

1. *Album de sainte Theudosie*, *recueil complet de documents publiés sur cette sainte*, par l'abbé Duval, avec une Introduction et des notes par Mgr Gerbet, évêque de Perpignan; Paris, Vaton, 1854, in-4 de 131 p., 6 planches et des bois dans le texte. Il est à regretter de n'y pas voir figurer le *fac-simile* de l'inscription.

quiores, præsertim quæ Romæ reperiuntur, explicatæ a Joanne l'Heureux[1]. Le premier livre, divisé en deux chapitres, passe en revue les peintures des églises, et ensuite des cimetières souterrains; le second est consacré à l'étude du sens symbolique et de la signification de ces représentations diverses. Depuis l'Heureux, bien des découvertes ont été faites dans les Catacombes, bien des parties nouvelles en ont été reconnues et le sont encore journellement; mais le livre du P. l'Heureux garde encore son intérêt et sa valeur. Les révélations postérieures n'ont fait que le compléter, qu'en confirmer les conclusions; les renvois et les remarques du P. Garucci l'ont mis, quand il a été nécessaire, à la hauteur de la science moderne.

Ces différents travaux, si méritants et si curieux, auraient certainement été suivis par d'autres, mais une maladie, terrible et impitoyable, que rien ne devait faire craindre pour un homme dont la vie avait toujours été aussi pure et aussi simple, vint en disposer autrement. A la suite d'attaques successives, qui, après l'avoir éloigné de vos séances, finirent par épuiser ses forces et l'enlever avant l'heure à l'affection de sa famille et de ses amis, à la tendresse dévouée de sa femme, réduite à ne pouvoir plus que se consumer douloureusement en soins impuissants, M. de l'Escalopier, âgé seulement de quarante-neuf ans, s'est éteint le 11 octobre 1861[2], dans le château où il était né, où il était revenu mourir, où les bienfaits de sa famille et ceux qu'il y avait répandus lui-même l'avaient fait aimer et estimer de tous. Pour ce qui vous concerne, vous pouvez vous rappeler la pénible surprise avec laquelle vous avez accueilli la nouvelle de cette fin prématurée; vous vous souveniez, avec un regret bien légitime, de l'aménité du caractère, de la sûreté des rapports, de l'intérêt des relations, aussi fa-

1. *Lutetiæ Parisiorum*, J. A. Toulouse, in-8 de XII et 253 pages, avec figures, notes et *Index*.

2. Il a paru au moment même une note nécrologique dans *l'Union* du 28 octobre 1861.

ciles qu'aimables, que vous aviez entretenues avec M. de l'Escalopier, soit comme confrère, soit quand il a dû à vos suffrages l'honneur d'être successivement, en 1853 et en 1854, vice-président et président de votre compagnie.

Son souvenir vivra à l'état personnel dans la mémoire de ceux qui l'ont connu ; il subsistera plus longtemps dans la science par la publication du Théophile, et il sera conservé, d'une façon peut-être plus complète encore, par une publication qui se prépare. Mme de l'Escalopier, qui n'a pas voulu se séparer de la bibliothèque que son mari a réunie et qu'il n'est plus là pour continuer, veut en faire imprimer le catalogue. Quand, avec la liberté des moyens, un amateur n'a pas formé sa collection au seul point de vue de la vanité et de la spéculation, comme on le voit souvent aujourd'hui où il suffit de payer, sans le lire, tout ce qui se dispute avec ardeur et se vend très-cher pour être sûr d'avoir des livres précieux et jouer quelques années au bibliophile avec la chance de finir par faire une bonne affaire ; quand, au contraire, cette collection est formée dans un but spécial, avec des connaissances sérieuses et incessamment augmentées ; quand ce n'est pas une armoire, presque un coffre-fort, mais une véritable bibliothèque, où l'on ne craint pas les grands livres qui tiennent de la place et où les raretés ne figurent qu'à leur rang et pour servir comme le reste à la recherche et à l'étude — le catalogue d'un tel cabinet, en même temps qu'il est un enseignement, représente à merveille et avec réalité la vie, la pensée et les études de celui qui l'a créé. Grâce à cette ingénieuse sagacité qu'inspire l'affection, les regrets de Mme de l'Escalopier l'ont compris, et je suis heureux de pouvoir vous faire espérer cette publication, car l'homme instruit et l'amateur y revivront tout entiers.

PARIS. — IMPRIMERIE DE CH. LAHURE
Rue de Fleurus, 9

www.ingramcontent.com/pod-product-compliance
Ingram Content Group UK Ltd.
Pitfield, Milton Keynes, MK11 3LW, UK
UKHW021151230726
13926UKWH00001B/42

9 782019 172381